BENOIT FOURNEYRON

Ingénieur civil des mines, Chevalier de la Légion-d'Honneur,
ancien Représentant du peuple.

NOTICE BIOGRAPHIQUE

Par M. Jules GUILLEMIN

Ingénieur civil des mines.

SAINT-ÉTIENNE

IMPRIMERIE DE Vᵉ THÉOLIER ET Cⁱᵉ,

Rue Gérentet, 12.

BENOIT FOURNEYRON

**Ingénieur civil des mines, chevalier de la Légion-d'Honneur,
ancien représentant du peuple.**

NOTICE BIOGRAPHIQUE

Par M. Jules GUILLEMIN, ingénieur civil des mines.

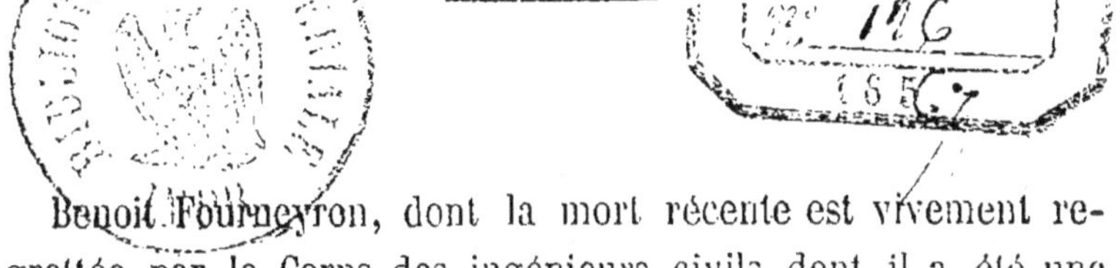

Benoit Fourneyron, dont la mort récente est vivement regrettée par le Corps des ingénieurs civils dont il a été une des plus honorables illustrations, était né à Saint-Etienne (Loire), le 1er novembre 1802.

Il est mort à Paris le 8 juillet 1867 ; il n'avait pas encore 65 ans révolus. C'est une perte bien grande pour la France et pour ses amis, pour les sciences et pour l'industrie.

Son père était géomètre à Saint-Etienne ; les traditions de famille préparaient le jeune Benoit aux sciences mathématiques qui ont tracé sa carrière.

Fourneyron a vécu dans le célibat ; il a eu deux sœurs et un frère ; ses affections se sont reportées sur sa famille dont il a été le bienfaiteur.

A l'âge de 9 ans, Benoit entrait au collége de Saint-Etienne pour y trouver le complément des enseignements de la maison paternelle. Il étudia avec succès le français et le latin, mais ses aptitudes naturelles le portaient vers les sciences de calcul. Dans toutes les branches de l'enseignement, il eut des triomphes qui pouvaient faire bien augurer de sa carrière entière. Il a toujours obtenu les premiers prix dans toutes les classes.

En 1816, une ordonnance royale créait en France une École des mineurs, pour remplacer celle de Kaiserslautern, située dans une contrée dont nous devions nous retirer devant l'Europe coalisée. Le centre industriel et minier de Saint-Étienne avait été choisi pour l'établissement de cette école qui a fourni à l'industrie minérale des sujets distingués et utiles à leur pays.

Les cours s'ouvraient en 1817, et les professeurs du jeune Benoit Fourneyron lui conseillaient de suivre les cours de cette école d'application. Ils entrevoyaient les succès que devait promettre à l'élève sa disposition marquée pour la science de l'ingénieur; mais l'âge de 15 ans était exigé par les règlements et il fallait solliciter une exception au début de leur application. Le professeur de mathématiques de la nouvelle école, qui s'était rendu d'avance sur les lieux, se chargeait d'obtenir de M. le directeur général des ponts-et-chaussées et des mines une dispense d'âge pour le jeune candidat dont l'examen avait été des plus brillants. Cette faveur fut accordée, et le 15 octobre 1817, Fourneyron entrait à l'école n'ayant pas encore 15 ans; il suivit les cours de l'école pendant les deux années réglementaires avec tout le succès possible et en sortit avec le premier rang aux examens généraux.

Dès sa première année d'école, il avait été apprécié et il faisait à ses camarades les répétitions de mathématiques; les récréations étaient de nouveaux exercices. Il est à constater que le mérite des études à Saint-Étienne a été remarqué dans toutes les promotions où l'esprit des élèves a été sérieux et appliqué.

Dans la seconde année du cours, Fourneyron, qui avait été formé de bonne heure par son père et qui était chargé par quelques exploitants du lever des plans de mines, se faisait accompagner de ses camarades et leur donnait de bonnes leçons de topographie extérieure et souterraine; il savait le maniement des instruments et suppléait ainsi les professeurs; de même dans le cours de mathématiques il remplaça M. Burdin.

Il n'avait pas encore 17 ans, lorsque le 15 août 1819 il recevait son *brevet* d'élève de l'Ecole des mineurs de Saint-Etienne. Cette école qui avait été formée dans le but particulier de faire des maîtres mineurs, n'en a pas produit. Les jeunes gens qui y arrivaient, pourvus d'une première éducation soignée, sont tous devenus des ingénieurs de mines, des directeurs d'usines, des manufacturiers et des savants. Par la force des choses. elle a comblé une lacune qui existait dans l'organisation de l'enseignement industriel de la France.

La Commission permanente de la Société de l'Industrie Minérale nous a demandé une Notice sur la vie de notre camarade. Nous avons accepté, mu par un sentiment bien naturel de dévouement à la mémoire d'un ami et d'un camaiade. Nous craignons seulement de ne pouvoir retracer avec assez de talent la brillante carrière et les heureuses qualités du cœur de notre collègue. Cependant peu d'entre nous auront une pareille somme de titres à apporter à ce jugement des pairs. Nous tacherons de parcourir rapidement en quelques chapitres :

Sa carrière d'ingénieur,

Sa carrière politique,

Et ses actes d'utilité publique.

CARRIÈRE D'INGÉNIEUR.

A sa sortie de l'Ecole des mines de Saint-Etienne, Fourneyron n'avait pas encore 17 ans ; cependant il fut choisi par M. l'ingénieur en chef Beaunier, directeur de l'Ecole, pour aller diriger les exploitations de mines du Creusot. Il s'était engagé pour un an et au bout de ce temps il revenait à Saint-Etienne auprès de M. Beaunier qui avait d'autres vues sur lui.

En 1820, le directeur de l'Ecole l'envoya à Sain-Bel, près l'Arbresle (Rhône), pour y examiner des recherches de houille auxquelles on attachait une grande importance. Il y séjourna quelques mois et y fit un rapport sur les travaux faits et sur la nouvelle direction de ceux à entreprendre, avec toute la maturité qu'annonçait un talent précoce.

Cette reconnaissance était à peine terminée que M. Beaunier envoyait Fourneyron dans le bassin d'Alais, dont les richesses minérales n'étaient pas encore exploitées.

Une puissante compagnie financière s'était formée et l'attention des maîtres de forges était attirée par les travaux de M. l'ingénieur en chef des mines, De Gallois, qui peut passer pour l'introducteur en France des procédés anglais pour le traitement des minerais de fer par la houille.

Nous regarderons toujours comme une bonne fortune l'avantage que nous avons eu d'entendre les instructives conversations de cet ingénieur savant aussi profond que modeste et doué d'une telle bienveillance pour la jeunesse qu'il a toujours voulu l'aider de ses lumières et de sa protection.

L'importance de l'étude préliminaire du riche bassin d'Alais était fort grande puisque du rapport d'un jeune ingénieur pouvait résulter la mise en valeur de tous ses produits.

Fourneyron s'est encore acquitté de cette tache avec ardeur et intelligence ; après plusieurs mois de séjour dans le Gard, il revint à Saint-Etienne faire l'analyse des combustibles et des minerais de fer et rédiger un rapport circonstancié. Ses conclusions ne sont pas étrangères à la constitution de la grande entreprise qui a été commencée peu d'années après.

En 1821, Fourneyron, secondé par un autre de nos bons camarades, Achille Thirion, enlevé trop tôt à ses amis, faisait l'étude et l'avant-projet du premier chemin de fer français, celui qui devait relier les mines de houille de Saint-Etienne à la Loire, à Andrézieux. M. Thirion est devenu dans la suite directeur de ee chemin de fer.

C'est à cette époque qu'a commencée notre liaison avec Fourneyron, et bientôt j'allais faire avec lui mes premières armes en Franche-Comté.

Vers la fin de 1821, une Compagnie fermière des forges de

la famille Pourtalès, forges qui marchaient au charbon de bois,
voulant entrer résolument dans la voie du progrès industriel,
s'attacha Fourneyron qui avait déjà beaucoup vu. D'ailleurs,
on aurait vainement alors trouvé un praticien instruit, capable
de faire avancer les procédés métallurgiques.

Fourneyron avait une autre qualité, c'était d'oser entreprendre des choses nouvelles, comptant toujours qu'une étude
consciencieuse lui donnerait la solution des problèmes in-
connus.

Il a réussi à Pont-sur-l'Ognon la fabrication du fer blanc,
industrie peu avancée alors en France et que nos maîtres les
Anglais entouraient de beaucoup de mystère.

Nos constructeurs-mécaniciens d'alors n'étaient pas non
plus de la force de ceux que nous possédons aujourd'hui. La
résistance des matériaux était mal connue. Nous nous souvenons
encore que Fourneyron nous a fait entreprendre une série d'expériences sur la résistance de la fonte de moulage et que nous
avons fait des essais, alors nouveaux, sur la résistance à la tor-
sion, qui sont consignés dans un Mémoire remis à l'Ecole de
Saint-Etienne en 1822.

C'est dans des circonstances pareilles que Fourneyron a réussi
un laminoir à tôle, mû par l'eau et chauffé avec les houilles
du terrain jurassique. Son installation, commencée en mars
1822, fonctionnait en décembre de la même année. Ce succès
fit porter au double les appointements de Fourneyron, et il fut
intéressé dans la fabrication.

L'exploitation de la houille de Gémonval date aussi de cette
époque,

Nous arrivons au temps où Fourneyron fit des études appro-
fondies sur le moteur hydraulique qui a fait sa grande répu-
tation et qui a été l'origine de la fortune qu'il a si honorablement acquise.

Nous l'avons assisté dans ces premiers essais entrepris dans la Haute-Saône, sans prévoir la révolution qu'ils amèneraient dans la science de l'hydraulique.

Reportons-nous à cette époque pour constater que les seules roues en usage pour les grands moteurs étaient toujours des roues à augets ou des roues à palettes.

Quelques petits tourniquets ou petites roues horizontales de faible puissance existaient bien dans les pays méridionaux de France, en Espagne et en Italie. Ces roues simples et primitives, pas plus que celles que de récents essais avait tenté d'améliorer, ne paraissaient pas mériter l'attention des professeurs, et M. le baron Ch. Dupin, dans sa neuvième leçon du cours professé au Conservatoire des arts et métiers disait : « Après la critique des roues horizontales, *les roues verticales seules sont celles dont nous nous occuperons exclusivement.* »

Cependant les inconvénients de ces roues verticales qui ne peuvent plus fonctionner pendant les crues des rivières et qui occasionnent par là des chômages ruineux pour les ouvriers et pour les usiniers avaient frappé Fourneyron, et il s'était donné la tâche de vaincre ces défauts des moteurs qui sont l'âme des fabriques.

Il se mit à étudier les recherches d'Euler, de Borda, de Navier, et de notre professeur M. Burdin, ingénieur des mines ; il fit de nombreux essais pour faire passer dans la pratique les savants calculs de ces mathématiciens ; il se fit calculateur à son tour et travailla la question par tous les moyens possibles.

Nous extrairons d'une note qu'il a lui-même rédigée vers 1843, des récits qu'il aimait à faire et que nous aimions à entendre. Ses yeux brillaient d'intelligence quand il racontait la succession de ses efforts, de ses laborieuses tentatives et de ses nombreux succès.

Dans ses expériences, Fourneyron avait besoin d'un dynamomètre qui devait lui indiquer la force des roues qu'il créait et la réussite de son entreprise. Il n'en existait pas qui fut passé dans la pratique. Le frein de Prony n'était pas apprécié, parce qu'il n'avait pas réussi dans des mains inhabiles. Dans celles de Fourneyron, qui avait le talent tout particulier de faire passer dans la pratique ses propres conceptions et celles des calculateurs de cabinet, ce frein de Prony est devenu l'instrument le plus commode pour mesurer la force de tous les moteurs.

L'utilité de ce frein et la difficulté de s'en servir avaient été senties par la Société industrielle de Mulhouse qui proposa en 1827 un prix pour un dynamomètre usuel.

Ce prix fut décerné en 1828 à Fourneyron, et, chose remarquable, la même Société décerna aussi un prix à M. de Prony pour son frein jusqu'alors méconnu.

Qu'il nous soit permis de citer rapidement quelques-unes des turbines qui ont reçu le nom de turbines Fourneyron ; les exemples seront pris dans un nombre qui dépasse 200 moteurs du même principe, représentant une force réunie de plus de 3,500 chevaux.

La hauteur des chutes utilisées varie de $0^m,30$ à 114 mètres; la force de chaque turbine de 4 à 200 chevaux, la vitesse obtenue de 8 à 2,300 tours par minute et les diamètres des turbines de 0,316 à $4^{mt},50$.

Ces chiffres indiquent la variété des applications possibles d'une roue calculée et qui a donné la plus grande part d'effet utile obtenu.

1° Sa première turbine était de la force de six chevaux, sa puissance a été mesurée à l'aide du frein de Prony; elle est l'origine de la confiance de l'auteur dans ses forces et le fruit de sa persévérance. Elle fut d'abord repoussée, mais de nouvelles applications ayant été faites avec succès, cette roue fut admise par l'opinion publique. Ce qui fixa encore les idées, c'est le concours ouvert par la Société d'encouragement de Paris, en 1826, pour la meilleure application en grand des turbines hydrauliques. Fourneyron devait concourir et il envoya un Mémoire, véritable traité de construction de ces roues. Il obtint le prix de 6,000 fr. et une grande médaille d'or.

2° Turbine d'Inval, près Gisors (Eure) :

C'est de la turbine d'Inval que M. Daubuisson a dit dans son traité d'hydraulique, 2me édition, page 469 : « Quelle machine « autre qu'une turbine, sous la petite chute de 1^m,15, ren- « drait plus des *trois quarts* de la force du moteur et une force « de 30 chevaux ? Qui sous la très faible chute de 0^m,30 en « prendrait plus des *trois cinquièmes* et cela étant entièrement « plongée dans l'eau. Vraiment la roue de M. Fourneyron a sur « toutes les autres une supériorité inconstestable à certains « égards ; c'est une admirable machine. »

A quelqu'un qui consultait M. Daubuisson sur le choix d'une roue hydraulique, cet ingénieur en chef des mines répondait le 7 avril 1837 :

« Où surtout trouverez-vous une machine qui travaille aussi « bien sous l'eau que hors de l'eau, qui soit entièrement indif- « férente aux crues du bief d'aval, fléau de toutes les machines « hydrauliques, et dont la crainte nous a porté à sacrifier la « *moitié* de la chute que nous avions pour le grand et bel éta- « blissement du Château-d'Eau de Toulouse? »

3° Turbines à très grande chute de Saint-Blaise, dans la Forêt-Noire (grand duché de Bade).

Ces turbines construites pour des chutes de *cent huit* et *cent quatorze* mètres de hauteur verticale n'ont pas cessé de fonc- tionner avec régularité depuis une époque antérieure à 1840. La conduite d'eau qui devait résister à une pression de plus de onze atmosphéres n'a pas subi la plus petite dégradation ; elle fut faite avec des dimensions qui étonnèrent les ingénieurs et professeurs auxquels le projet avait été donné à vérifier (1838). Fourneyron put économiser 50,000 kil. de fonte sur les épais- seurs qu'ils proposaient. La force utilisée du moteur arrive à 80 pour 100. Il fallait recueillir, au pied de cette chute de 114 mètres, de l'eau animée d'une vitesse de 46 mètres par seconde (plus de 41 lieues à l'heure), la faire *entrer sans choc* dans un récepteur d'où elle devait *sortir sans vitesse* et la dépouiller ainsi de toute la force possible pendant la durée de son passage qui n'est pas de un quarantième de seconde.

Une petite roue de la grandeur des ailes d'un chapeau ordinaire (0,316 de diamètre), d'une hauteur égale à six fois l'épaisseur d'une pièce de 5 fr. et dont le poids n'est que de 17 kilog. 1/2, a suffi pour transmettre une force de 60 *chevaux*; cela paraît impossible et c'est presque incroyable. Cependant cette roue accomplit ses fonctions avec une vitesse de 2,300 tours à la minute, avec une facilité et une sûreté qui ne se sont pas démenties un instant.

Ces phrases sont de notre ami qui s'est souvent plu à nous raconter son succès.

Voici donc une machine d'un poids bien réduit, qui, pouvant rendre disponible la force d'une très haute chute, convient à des pays où les transports sont impossibles. Aussi le bruit de cette heureuse application parvenait à peine au Mexique que des commandes arrivaient de ce pays où les objets doivent être transportés à dos de mulet.

4° Deux turbines de 220 chevaux et transmission de cette force sur un seul arbre pour le grand établissement d'Augsbourg.

La force de 220 chevaux est appliquée au mouvement de 30,000 broches à filer et de 800 métiers à tisser ; elle est obtenue d'une chute de 5 mètres.

5° Turbines à appliquer à l'élévation des eaux de la Seine dans Paris.

Projet présenté par M. Arago et qui n'a pas encore été appliqué.

Le projet définitivement étudié consistait à créer 6 turbines de la force de 800 chevaux chacune pouvant élever à 43 mètres de hauteur, 300 mille mètres cubes d'eau par 24 heures.

Fourneyron fit connaître ses moyens à la commission administrative.

La proposition souleva une étude approfondie du problème,

et, bien que les exemples de machines existantes eussent pu en assurer la solution, l'entreprise n'a pas eu lieu. C'est une chose que nous regardons comme à jamais regrettable. Cependant aux portes de Paris, à Corbeil et à Saint-Maur, huit turbines font marcher 72 paires de meules de moulins à farine et représentent plus de 200 chevaux de force effective, et, dans un rayon un peu plus grand, 100 autres meules reçoivent le mouvement de turbines semblables, représentant 300 chevaux de force.

Nous terminerons ce qui a rapport aux turbines par un extrait du rapport fait à l'Académie des sciences le 2 janvier 1838, par une Commission formée de MM. de Prony, Arago, Gambey et Savary, rapporteur, à l'occasion d'un Mémoire du général Morin sur les roues de B. Fourneyron :

« Cette fois, disait M. Savary, les recherches de M. Morin
« ont eu pour objet ces nouvelles roues hydrauliques, peu mul-
« tipliées encore, mais sur lesquelles l'attention publique est
« si vivement fixée depuis quelque temps, les turbines de
« M. Fourneyron. L'ingénieur à qui l'on doit la disposition et
« l'établissement de ces précieux moteurs, celui qui lutte
« avec persévérance depuis 15 ans pour les perfectionner et
« les répandre, M. Fourneyron lui-même, a prêté à l'auteur de
« ce Mémoire, pendant toute la durée des expériences, le
« secours d'une active coopération.

« Sous le nom général de turbines, on comprend aujour-
« d'hui des roues qui n'ont guère de commun entre elles que
« de tourner les unes et les autres autour d'un axe vertical.
« Celle qu'un ingénieur, homme d'invention et de science,
« M. Burdin, imagina et fit connaître le premier sous ce nom,
« reçoivent l'eau à la base supérieure d'un cylindre ou tam-
« bour vertical et la rejettent à la base opposée. L'eau entre
« et sort près de la circonférence extérieure, suivant des
« canaux pliés en hélice à la surface du tambour qui doit avoir
« une hauteur égale à la moitié de la hauteur entière de la
« chute d'eau disponible.

« Dans les turbines de M. Fourneyron, le tambour n'a jamais
« qu'une petite épaisseur, quelques décimètres par exemple ;
« l'eau s'élance obliquement en jets horizontaux de tout le
« contour d'un cylindre intérieur vertical, pénètre de tous
« côtés dans les compartiments de la roue qui, en tournant,
« affleure ce cylindre, suit, en les pressant, des aubes courbes
« renfermées entre les deux bases horizontales et s'échappe
« horizontalement par la tranche verticale du tambour exté-
« rieur.

« On aura une idée des turbines de M. Fourneyron, en con-
« cevant que l'on pose à plat une roue ordinaire à palettes cour-
« bes et que l'eau arrivant sur les palettes par le centre, sorte
« à la circonférence. . . . .

« C'est peu encore que d'être guidé par ces indications géné-
« rales. Les difficultés les plus graves se présentent dans les
« détails d'exécution. L'eau, pour satisfaire aux meilleures con-
« ditions d'effet, devrait entrer sans choc et sortir sans vitesse.
« Comment donner aux jets liquides, lancés dans la roue, la
« direction la plus avantageuse ? Comment faire en sorte qu'a-
« près avoir épuisé leur action sur les aubes, ils les abandon-
« nent sans difficultés ? Comment, avec des dispositions sim-
« ples, obtenir des effets peu variables, et toutefois permettre
« à la roue de prendre au besoin des vitesses très différentes ?
« Telle est une partie seulement des questions que l'expé-
« rience devait résoudre, et que M. Fourneyron a résolues par
« l'expérience, patiemment et habilement. . . . .

. . . .

. . . .

« Deux turbines récemment établies par M. Fourneyron ont
« été soumises aux recherches de M. Morin. Toutes deux con-
« duisent des tissages mécaniques, l'une à Moussay, près de
» Senones, dans les Vosges, l'autre à Müllbach, dans le dépar-
« tement du Bas-Rhin ; celle-ci marche sous une chute d'eau
« de 3 mètres environ ; celle-là sous la chute très forte de 7 à
« 8 mètres dans sa valeur moyenne.

« Les quantités de travail ont été mesurées à l'aide de
« l'appareil devenu en quelque sorte indispensable à ces re-
« cherches, du frein dynamométrique de M. de Prony. Le frein
« était directement appliqué à l'arbre vertical des turbines,
« continuellement arrosé, et la température des surfaces frot-
« tantes variait si peu que les oscillations, à l'extrémité du
« levier, n'ont jamais dépassé, dans les expériences faites à
« Müllbach, 4 à 5 centimètres d'amplitude. Il semble, pour le
« dire en passant, qu'un tel moyen de mesure ne laisse plus
« rien à désirer. . . . .

. . . .

« De ces détails, trop longs peut-être, nous nous croyons en
« droit de conclure, qu'en faisant une part convenable aux
« erreurs des jaugeages, les turbines observées par M. Morin
« sous de grandes chutes d'eau offrent *au moins* des résultats
« aussi avantageux que les meilleures roues ordinaires. On
« remarquera qu'il s'agit de moteurs équivalant à l'action de
« 40, 60 et 90 chevaux.

« Si l'on rapproche ces résultats de ceux qu'une Commission
« d'ingénieurs habiles, MM. Mary, Saint-Léger, Maniel, ont
« obtenus sur la turbine d'Inval, de ceux que M. Fourneyron
« lui-même avait publiés antérieurement sur la même roue, on
« arrive constamment à des conclusions semblables.

« Partout et sous des chutes qui ont varié depuis la faible
« valeur de 3 décimètres (1 pied) jusqu'à 1, 2, 3 et 7 mètres,
« le travail disponible transmis par les turbines a pu atteindre
« jusqu'aux 7 ou 8 dixièmes environ du travail moteur.

« Voilà pour l'effet utile considéré d'une manière absolue.

« Par rapport aux applications, par rapport aux circons-
« tances variables où un moteur hydraulique peut se trouver
« placé, les turbines offriront de nouveaux avantages

« Elles sont de toutes les roues hydrauliques celles qui,
« sous le plus petit volume, utilisent la plus grande quantité
« d'eau.

« L'eau qui les pousse ne pèse presque point sur leur axe.

« Les énormes vitesses, les vitesses variables qu'on peut leur
« laisser prendre sans rien sacrifier de leur action, permettent
« de supprimer, dans beaucoup d'usines, ces engrenages, ces
« axes pesants destinés à transmettre avec accélération, mais
« aussi avec perte d'effet, le mouvement si peu rapide, lors-
« qu'il est le plus avantageux, des grandes roues à augets.

« Une autre propriété des turbines est plus importante en-
« core. M. Morin, comme les ingénieurs qui l'ont précédé,
« remarque qu'elles fonctionnent aussi bien étant noyées que
« hors de l'eau ; ce serait mieux qu'il faudrait dire, s'il était
« permis de s'arrêter à de légères différences.

« A plus de 1 mètre de profondeur sous l'eau, les nappes
« liquides s'échappent des aubes avec autant de facilité qu'à la
« surface. L'action ne dépend que de la différence de niveau en
« amont et aval : peu importe la hauteur absolue de part et
» d'autre.

« On voit de suite combien cette propriété des nouvelles
« roues est précieuse : elle permet de profiter, dans tous les
« temps, de la chute entière du cours d'eau.

« Qu'arrive-t-il, au contraire, avec les roues verticales ? Si
« le niveau s'élève dans le bief d'aval, si une portion des aubes
« est noyée à la partie inférieure, le moteur ne fonctionne plus
« qu'avec perte et avec peine. Veut-on soulever la roue ? il
« faudra encore soulever le coursier. Pour éviter ces compli-
» cations, il arrive qu'on préfère souvent élever tout le sys-
« tème d'une manière invariable, n'utiliser qu'une partie de la
« chute, quand elle est forte, pour se trouver à une hauteur
« convenable quand elle vient à diminuer.

« Ainsi la comparaison que les turbines soutenaient avec
« avantage auprès des anciennes roues, considérées dans les
« circonstances qui leur sont les plus avantageuses, aurait été
« bien plus favorable encore aux nouveaux moteurs dans le
« plus grand nombre de cas.

« Cette confirmation de la haute valeur des turbines, que
« viennent d'apporter les belles expériences de M. Morin, cette
« propriété surtout de ne rien perdre pour être plongées,
« d'engloutir et d'utiliser sous un volume médiocre de grandes
« masses d'un puissant cours d'eau, nous autorise à rappeler
« la proposition que l'un de vos Commissaires, M. Arago, a
« faite, il y a déjà longtemps, de substituer ces roues nouvelles
« aux machines antiques qui fournissent si mesquinement à la
« consommation d'eau de la ville de Paris. A l'époque où la
« proposition de M. Arago fut mise en avant, l'expérience n'a-
« vait point encore prononcé sur ce qu'on en pouvait atten-
« dre. Depuis cette époque, trois séries de mesures sont
« venues confirmer les prévisions de notre confrère. Elles les
« ont confirmées pour des circonstances analogues à celles où
« les turbines devraient fonctionner, noyées à une profondeur
« variable dans les eaux de la Seine. Aujourd'hui il ne peu^t
« résulter aucun doute sur le résultat de leur établissement. »

Pour mettre en plus grande évidence toute la lacune que la
turbine Fourneyron a comblée en Mécanique, qu'il nous soit
permis de rapporter ici les opinions de M. Poncelet, avant et
après le moment marqué par l'invention de cette machine et
son introduction dans les établissements industriels.

Avant cette époque, M. Poncelet s'exprimait comme il suit,
dans le second alinéa des considérations préliminaires par lesquelles il commence son Mémoire de 1824 sur les *roues hydrauliques à aubes courbes* :

« Quant aux roues horizontales imaginées ou perfectionnées
« en dernier lieu, telles que la *danaïde,* la roue *à force cen-
« trifuge*, la roue *à réaction*, et TOUTES les roues à aubes
« courbes qu'un ingénieur, M. *Burdin*, a désignées sous l'ex-
« pression générale de *turbines*, elles paraîtraient convenir
« plus particulièrement aux établissements qui exigent un
« mouvement de rotation direct dans le plan horizontal, avec
« une grande vitesse, comme sont, par exemple, les moulins
« à farine et autres.

« *Les difficultés que présentent la construction et l'entre-*
« *tien de ces roues*, LA GRANDEUR *de l'emplacement qu'elles*
« *nécessitent dans le sens horizontal*, emplacement infiniment
« plus coûteux que celui qui peut se prendre sur la hauteur
« des établissements, restreignent beaucoup leur emploi, indé-
« pendamment de ce que la pratique n'est point encore suffi-
« samment éclairée sur la quantité d'*action* ou d'*effet* qu'elles
• peuvent transmettre. A la vérité, la théorie assigne pour
« limite au maximum de l'effet de ces roues une quantité d'ac-
« tion égale à celle que possède le moteur ; mais, vu l'incerti-
« tude des données sur lesquelles se fonde le problème, *il n'est*
« *guère possible de douter* que cet effet ne soit *inférieur* à
« celui des roues à augets ou en dessus, bien réglées et bien
« construites. »

Quatorze ans plus tard, la turbine Fourneyron occupait dans
l'industrie manufacturière une place assez grande et assez belle
pour devenir l'objet d'une étude approfondie de la part du
savant académicien.

Le 30 juillet 1838, M. Poncelet lisait à l'Académie des sciences un Mémoire ayant pour titre : *Théorie des effets mécaniques
de la turbine Fourneyron*, dans lequel se trouvent les passages
« suivants :

« L'Académie des sciences a accueilli, dans plusieurs de ses
« séances, avec un intérêt très vif, la communication de di-
« vers résultats d'expériences sur les effets mécaniques de la
« turbine de M. Fourneyron, machine ingénieuse qui est venue
« se placer au rang des meilleures roues hydrauliques con-
« nues ; de celles, surtout, qui doivent leur état actuel de
« perfection et leurs principales qualités au développement des
« idées mécaniques, et, plus spécialement, aux applications du
« principe des forces vives . . . .

. . . . , . .

« La qualité essentielle de la turbine Fourneyron ne réside
« pas seulement dans la propriété qu'elle possède de marcher

« très vite et de pouvoir être noyée dans l'eau du bief infé-
« rieur sans trop d'inconvénients pour l'effet utile, car le dispo-
« sitif des roues *verticales* à aubes courbes, dont il a été parlé
« ci-dessus, en est pourvu à un degré déjà assez prononcé,
« mais bien, redisons-le, dans cette heureuse idée de faire
« arriver l'eau horizontalement par tout le pourtour intérieur
« de la roue, et de la faire dégorger par la partie la plus éten-
« due, par sa circonférence extérieure. Il en résulte effective-
« ment que, dans la plupart de ses applications à l'industrie,
cette roue permet, sous de TRÈS PETITES dimensions, et par
« conséquent avec *une faible dépense en argent et en force*,
« un débit pour ainsi dire illimité ; que l'écoulement s'y opère
« d'une manière facile, et, en quelque sorte, sans entraves ;
« qu'enfin elle fonctionne avantageusement à peu près sous
« *toutes les chutes, et à toutes les vitesses*, sans éprouver, de
« la part du poids de ses propres parties et de celui de l'eau
« qui la met en action, ce surcroît de résistance qui se fait
« sentir dans presque toutes les roues existantes, et se trouve
« accompagné d'inconvénients plus particulièrement fàcheux
« dans celles dont l'axe est vertical.

« On sait, au surplus, avec quel art infini M. Fourneyron est
« parvenu à soustraire cette même turbine au défaut, d'abord
« si capital, du prompt usé des pivots, et comment aussi, à
« force d'études, de soins et de persévérance, il en a perfec-
« tionné les différentes parties de manière à constituer, de
« l'ensemble, un moteur puissant qui est en tous points com-
« parable, pour l'élégance et la simplicité des dispositions, à
« cette admirable machine due à quarante années de travaux
« d'un homme de génie tel que Watt. »

Dans l'établissement des turbines il s'est présenté plus d'une
difficulté de construction pratique. Fourneyron, au génie inven-
tif, a toujours surmonté les obstacles. Le pivot vertical d'une
turbine, travaillant dans l'eau et animée d'une immense vitesse
et qui, par un frottement répété, causait une prompte usure,

avait besoin d'être graissé. Ce moyen de graissage a été imaginé et appliqué avec succès.

Pour la création, dans Paris, d'une chute capable d'engendrer la force de 4,800 chevaux de force, il fallait fermer les arches d'un pont et ces fermetures, au moment des crues du fleuve, devaient être instantanément supprimées.

La commission administrative et les ingénieurs qui l'assistaient en ont fait une sérieuse objection à l'auteur du projet. Fourneyron, plein de confiance dans les ressources de son imagination, ne demanda que l'intervalle de deux séances pour y réfléchir et à la réunion suivante il apporta un *plan de portes d'écluse articulées pour fermer les arches d'un pont contre le courant le plus rapide avec un très petit effort.*

Un modèle d'exécution de ces portes a été présenté à l'Académie des sciences.

La difficulté était surmontée, la solution avait été improvisée par Fourneyron.

M. le baron Séguier, dont l'érudition est connue, indiqua à Fourneyron l'exemple d'une porte analogue qui avait été imaginée en Hollande. Cette application était ignorée de Fourneyron et des ingénieurs de la commission. Nous devons ajouter que les deux moyens n'avaient qu'une certaine analogie.

Les portes de Fourneyron sont bien préférables, elles se logent sans embarras, dans une enclave prise dans l'épaisseur des piles existantes.

La porte hollandaise ne se ferme que d'un côté et il faut un espace au moins égal à la largeur totale de l'arche qu'elle ferme ; la section de la rivière sous le pont serait donc réduite de moitié.

Dans le cas d'un port de mer soumis au flux et au reflux, il faudrait doubler la porte hollandaise, tandis que la porte articulée de Fourneyron peut fonctionner, que le courant s'établisse d'un côté ou de l'autre.

B Fourneyron, pendant tout le temps qu'il s'est adonné à la

construction des turbines de son invention, ne s'est pas borné à ce seul travail ; il a réalisé l'idée d'un cabinet de consultations industrielles et dans cette nouvelle voie de l'application de la science de l'ingénieur, il s'est livré à la rédaction des projets d'établissements, tant pour la France que pour l'étranger, et nous ne résistons pas à l'envie de citer tous les genres de constructions qu'il a méditées et qu'il a fait exécuter.

En voici la liste :

Hauts-fourneaux ;

Forges ;

Laminoirs ;

Marteaux, martinets ;

Machines pour l'extraction de la houille ;

Machines d'épuisement ;

Filatures de coton, de lin et de laine ;

Tissages mécaniques ;

Impressions ;

Teintureries ;

Blanchisseries ;

Moulins à farine ;

Papeterie ;

Ateliers de construction :

Machines soufflantes ;

Aiguiseries ;

Scieries ;

Foulons, etc., etc.

En tout *cent vingt-neuf* établissements ;

Il a construit pour son compte particulier au Chambon-Feugerolles, près Saint-Étienne (Loire), un établissement pour les constructions mécaniques, avec une fonderie de deuxième fusion. L'atelier est pourvu des machines outils les plus récentes et les plus perfectionnées.

La fonderie peut produire des pièces d'un poids considérable; elle est agencée avec habileté.

Les neveux de Fourneyron, MM. Jean-Claude et Emile Crozet, tous deux élèves de l'Ecole centrale des arts et manufactures, sont à la tête de cet établissement.

De 1829 à 1836, Fourneyron habita la ville de Besançon, où il trouvait des moyens de faire exécuter les machines qu'il expérimentait.

En 1834, Fourneyron fut nommé avec MM. Convers et Féuéon, ingénieurs des mines, comme arbitres dans un procès très difficile intenté à la Société des salines de Gouhenans.

La loi permet l'exploitation des sources salées et ne permet pas celle du sel gemme.

Est-il permis de dissoudre dans l'eau douce le sel gemme, de pomper les eaux plus ou moins saturées et d'en retirer le sel ?

Comment déterminer la quantité du banc de sel gemme dissoute et recueillie ?

Fourneyron, rapporteur de ce tribunal arbitral, est arrivé à la solution de ces questions et a pu éclairer la justice dans l'application des lois.

En 1836, il quitta Besançon pour aller s'établir aux forges de Niederbronn (Bas-Rhin), chez un de nos camarades, M. Dietrich; c'est dans cet atelier de construction qu'il a pu développer la fabrication de ses machines qui prenaient chaque jour plus d'extension.

En 1838, au mois de mars, le développement de son entreprise l'appela à Paris, où il s'est fixé.

A l'Exposition de Paris de 1839, il soumit au jugement du jury sa turbine et, à la distribution des récompenses, il reçut la décoration de la Légion-d'Honneur et la grande médaille d'or. Cette consécration de la valeur de ses travaux était juste et méritée.

En 1843, Fourneyron ambitionna une autre récompense ; il se présenta comme candidat à l'Académie des sciences, dans la classe de mécanique, en remplacement de M. Coriolis.

Le résultat des scrutins, dans lesquels la candidature a été débattue, prouve la légitimité de sa prétention, et nous pouvons dire tout simplement qu'il eut été nommé s'il avait été polytechnicien. Cet appoint seul lui a manqué.

Au premier tour, dans la séance du 18 décembre 1843 :

Fourneyron obtint. . . . . 19 suffrages.
MM. Morin . . . . 14 »
    Combes . . . . 14 »
    Barré Saint-Venant . . . . 6 »
    De Pambour . . . . 1 »

Au deuxième tour :

MM. Morin obtint . . . . 24 suffrages.
    Fourneyron . . . . 19 »
    Combes . . . . 10 »
    Barré Saint-Venant. . . . . . 1 »

Enfin au troisième tour :

MM. Morin eut. . . . . 30 voix
    Fourneyron . . . . 23 »

Il ne s'est jamais représenté au scrutin de l'Institut et il n'a jamais non plus recherché le titre de *membre correspondant*. Nous maintenons cette assertion, malgré le dire contraire de M. l'abbé Moigno, *(Les Mondes,* n° du 8 août 1867.) qu'il a, du reste, rectifié dans un des numéros suivants.

En 1845, le bassin houiller de Saint-Étienne, craignant la suppression de la concurrence, à l'époque de la fusion des Sociétés houillères, délégua B. Fourneyron pour combattre le monopole des exploitations réunies de la Loire.

Cette nomination était le prélude de celle qui l'envoya représenter le département à la Constituante.

En 1846, l'Académie des sciences de Boston lui adressa le diplôme de membre correspondant de cette Académie, sans qu'il eut songé à le demander. Le retentissement au-delà de l'Océan de ses travaux hydrauliques lui avait valu cette honorable distinction.

Les éminents succès de Fourneyron ont dû lui susciter dans

la construction des machines hydrauliques des compétiteurs et même des contrefacteurs ; il a eu à lutter contre ces derniers qu'il appelait *les pirates de l'industrie*. Pendant ces débats dont il est toujours sorti triomphant, il lui fallut toutes les ressources d'un esprit fécond et éminemment ingénieux pour convaincre de la similitude des contrefaçons des personnes étrangères à tout principe de mécanique. Il ne pouvait être répliqué à des modèles qui transformaient à volonté et instantanément les copies en l'original.

Il ne s'est pas arrêté dans ses études et chaque cas nouveau a été l'occasion d'une solution nouvelle toujours ingénieuse et toujours perfectionnée.

C'est ainsi que pour l'étude du grand établissement pour élever l'eau de la Seine. au Pont-Neuf, il a été effrayé du grand diamètre et de l'énorme poids qu'entraînait sa grande turbine de 800 chevaux. Recherchant un remède à ces inconvénients, il trouva un principe nouveau, celui de la *pléodynamisation* des turbines par *géminement* et *bigéminement*, c'est-à-dire la concentration dans une seule et même turbine de la force de plusieurs turbines ordinaires. Une turbine pléodynamique bigéminée de trois mètres de diamètre, par exemple, donnait seule et sur son même arbre autant de force que quatre turbines ordinaires chacune de trois mètres.

De là résultait une économie très grande de construction et la suppression des difficultés d'établissements.

A l'Exposition de 1855, Fourneyron exposa deux turbines pléodynamiques, l'une géminée et l'autre bigéminée; il obtint une nouvelle médaille d'honneur en or.

A l'Exposition universelle à Paris de 1867, Fourneyron avait encore apporté deux machines de ses ateliers, et nul doute que, sans sa fin prématurée, il eut reçu comme récompense la croix d'officier de la Légion-d'Honneur que son mérite lui assurait.

Les deux machines qui marquaient cette Exposition méritent

de fixer l'attention. L'une est une turbine *à vannes équilibrées*, c'est-à-dire d'un règlement facile et prompt et *à plateaux aspirateurs* qui ont pour but, en facilitant la sortie de l'eau de la roue, d'éteindre graduellement la vitesse de l'eau motrice.

L'autre est une pompe à un seul cylindre, mais avec deux pistons à clapets, marchant en sens inverse l'un de l'autre. On obtient avec ce système que la colonne d'eau soulevée a toujours à peu près la même vitesse et la même direction, ce qui évite des chocs et régularise la marche ; on obtient encore un jet continu. L'agencement mécanique de toutes les pièces composant la pompe et son mouvement est des plus ingénieux.

A ces traits généraux de la carrière suivie par Fourneyron, nous ajouterons qu'il était essentiellement et profondément observateur. Outre les expériences sur la résistance des matériaux qu'il a continuées sa vie durant, il ne montait pas un établissement, pas une machine sans s'assurer par des essais réitérés de la qualité de sa marche.

Chacune des machines suivantes qu'il établissait portait avec elle le fruit des études précédentes, et de nouveaux moyens propres à parer à divers inconvéniens reconnus y étaient mis en œuvre. C'est ainsi qu'il est parvenu à perfectionner jusqu'à leur dernière limite les machines qu'il avait créées.

Le nombre des expériences ainsi faites est immense. Elles ont porté :

Sur toutes les branches de l'hydraulique,

Sur l'écoulement des fluides,

Sur les générateurs et moteurs à vapeur,

Sur les machines de filage et de tissage des matières textiles, etc.

Malheureusement la mort ne lui a pas laissé le temps de les coordonner et de livrer à la publicité les résultats et formules auxquels elles lui ont permis d'arriver.

SA VIE POLITIQUE.

Fourneyron a donné maintes preuves de son patriotisme et d'un libéralisme sage et éclairé. C'était une disposition naturelle et le résultat d'une éducation logique.

Fixé à Paris, il a dû prendre rang dans la garde nationale. En 1846, sa compagnie qui faisait partie de la deuxième légion le nommait son capitaine.

En 1846, les maires des divers arrondissements devaient être choisis, par le ministre de l'intérieur, sur une liste de douze candidats nommés à l'élection. Fourneyron fut placé par ses concitoyens sur cette liste de douze candidats, parmi lesquels M. Duchatel nomma le maire du deuxième arrondissement.

En 1847, il fut élu chef de bataillon dans la même légion ; il conserva ce grade jusqu'au moment où, après la Révolution de février 1848, il alla s'asseoir sur les bancs de l'Assemblée constituante.

En 1848, Fourneyron fut nommé représentant du peuple à l'Assemblée constituante par le département de la Loire. Son élection fut due à 41,833 voix ; il siégea dans cette Assemblée jusqu'à la fin de 1849.

Fourneyron était administrateur de la Caisse d'épargne de Paris.

Il a été longtemps membre d'une commission créée près du ministre de l'intérieur pour la révision des valeurs de douane.

En janvier 1865, B. Fourneyron fut nommé par le ministre de la guerre membre de la commission consultative des *marchés* et des *valeurs* pour le service de l'habillement de l'armée.

Aux élections de 1863, pour les membres au Corps législatif, Fourneyron s'est présenté aux électeurs de la Loire, non pas comme candidat du gouvernement, mais bien comme candidat libre ; il a honorablement succombé.

    Son concurrent a obtenu 10,278

    Tandis qu'il avait 8,957

La ville de Saint-Etienne, sur 4,566 suffrages, lui en avait donné 3,700.

Lors de la création des comités d'hygiène publique dans chaque mairie de Paris, Fourneyron fut nommé membre de celui du deuxième arrondissement.

Il eut occasion de démontrer son zèle pour le bien public et sa haute intelligence dans une grave question soumise au Comité d'hygiène publique. En 1856, une inondation souterraine remplissait les caves et sous sol de plusieurs quartiers de Paris ; la cause de ce fléau n'était pas connue ; le remède était difficile à trouver. Le Comité des deux arrondissements chargea de ce travail particulier trois de ses membres, MM. G. Halphen, Vuafflart et Fourneyron rapporteur. Ce travail fut mené à bonne fin ; la cause du mal fut découverte et le remède indiqué ; le Comité vota l'impression du Mémoire de son rapporteur.

Dans sa carrière d'ingénieur, Fourneyron eut encore bien des occasions de témoigner de son ardeur au bien public par des travaux d'utilité générale et par des inventions utiles, comme nous l'avons déjà indiqué.

Aux diverses Expositions générales et internationales, Fourneyron a non-seulement marqué comme exposant, mais encore comme chargé de fonctions gratuites et de dévouement.

En 1861, B. Fourneyron fut nommé membre du jury d'admission pour le département de la Seine, à l'Exposition de 1862, à Londres.

En 1866, B. Fourneyron a encore été nommé du jury d'admission à l'Exposition universelle de 1867, pour les produits de la classe 52.

Et en décembre, même année, il était désigné par la Commission impériale comme membre du jury international pour la distribution des récompenses aux Exposants de la classe 53, groupe VI (Machines et appareils de la mécanique générale).

Son zèle a été tel dans ces pénibles fonctions que Fourneyron n'a pas marchandé sa fatigue et qu'il a contracté dans ces travaux le germe de la maladie qui l'a emporté.

Fourneyron a succombé à un affaiblissement des fonctions de l'estomac, en gardant toujours jusqu'à son agonie la plus grande lucidité d'esprit et cette extrême bienveillance qui en faisait le modèle des camarades. Ses dernières volontés qu'il a dictées avec un calme parfait et en pleine connaissance sont des preuves éloquentes de ses facultés aimantes ; il nous suffira de les enregistrer avec religion.

Un mois avant sa mort, Fourneyron voulant disposer, suivant son cœur, de la brillante fortune qu'il devait à son travail et à son honorable conduite, avait dressé l'état de situation de son avoir ; il appela un notaire et lui dicta ses dernières volontés. Après un juste partage entre ses frère et sœurs, neveux, nièces, petits neveux et petites nièces, il a fait un grand nombre de legs importants dont il a confié le payement à son frère, légataire universel.

La nature et la destination de ces legs font le plus grand honneur au caractère de Fourneyron ; il a donné aux pauvres et il a voulu contribuer encore à l'avancement de la science. Il a légué :

1° A la ville de Saint-Etienne, où il a vu le jour et où il a fait ses études, une somme de *vingt mille francs* à convertir en rentes sur l'Etat pour en faire servir les arrérages à la fondation de bourses pour des élèves externes au Lycée ;

2° A la commune de Saint-Genest-Malifaux (Loire), une rente annuelle de 250 fr. qui seront distribués aux pauvres par le bureau de bienfaisance ;

3° A la commune de Rochetaillée (Loire), 150 fr. de rente avec la même destination.

Ces villages sont les berceaux de son père et de sa mère ;

4° A la commune du *Chambon-Feugerolles* (Loire), 200 fr. de rente annuelle pour les pauvres.

C'est dans cette commune qu'il a fondé un établissement métallurgique important.

A l'Institut, Académie des sciences de Paris, une rente annuelle de 500 fr. pour former tous les deux ans un prix de *mille francs* à décerner, suivant le programme à rédiger par l'Académie, à une œuvre de *mécanique appliquée*;

6° A la Société des ingénieurs civils une somme de 5,000 fr.;

7° A la Société industrielle de Mulhouse une somme de 5,000 fr.;

8° A la Société de secours des amis des sciences, fondée par le baron Thénard, une somme de 10,000 fr.

Après les Sociétés savantes vient le tour des personnes que le dévouement a rendu chères :

9° A un employé resté en fonctions un grand nombre d'années, la continuation de ses appointements ou 4,000 fr. de rente viagère ;

10° A un autre employé 800 fr. de rente viagère ;

11° A un autre qui n'est plus à son service une rente de 200 fr. sa vie durant ;

12° Enfin à un serviteur, sorti depuis quatre ans, une somme de trois mille francs.

Notons que tous ces legs sont exempts des charges et frais de transmission et passons sous silence les généreux secours offerts à des amis ;

13° N'oublions pas une autre disposition charitable. Fourneyron a encore donné :

A l'assistance publique de Paris et à l'administration des hospices de Saint-Etienne, chacune par moitié, la nue-propriété d'une rente viagère 3 % de deux mille francs qui deviendra disponible après le décès d'un des légataires.

Fourneyron avait 22 ans quand il eut le malheur de perdre son père et sa mère. Des quatre orphelins, il était le seul majeur. Il demanda et obtint d'être le tuteur de ses frère et sœurs, répudiant la part privilégiée d'héritage dont son père et sa mère voulaient disposer en sa faveur; il résolut de devenir le chef désintéressé de sa famille. Sa vie entière a été la consécration de ce vœu. Après avoir aidé les siens de ses conseils et de ses deniers à l'ocasion ; il a partagé entre eux sa fortune.

Ce qu'il nous appartient aussi de dire, c'est l'amitié durable qui l'a lié à la plupart de ceux qu'il a connus à l'Ecole. Jamais un camarade ne s'est en vain adressé à lui, il est resté pour tous jusqu'à ses derniers moments un guide prudent et sûr, un ami dévoué. Il n'a jamais connu peine ni tracas quand il s'est agi de rendre service, il n'a pas plus épargné ses démarches que ses conseils. Ce dévouement pour tout ce qui tonchait à l'Ecole de Saint-Etienne ne s'est pas démenti en 1848 dans une circonstance solennelle où des nécessités impérieuses d'économie ont failli amener sa suppression. Les sollicitations incessantes de Fourneyron n'ont pas peu contribué au maintien de notre Ecole.

Nous terminons cette esquisse de l'existence d'un excellent camarade, heureux si, dans notre tache, nous avons réussi à le présenter à nos jeunes confrères comme un exemple. Le travail et la conduite ont été la source d'une honorable fortune et la richesse n'a détruit aucune des bonnes qualités du cœur de notre ami, et nous pensons que Fourneyron comptera parmi les illustrations industrielles de la France. Son nom figurera toujours sur la liste des ingénieurs célèbres et des citoyens dévoués.

Le 21 août 1867.

BIBLIOGRAPHIE DE B. FOURNEYRON.

1827. — Application du frein de Prony à la mesure de la force de plusieurs grands moteurs. — Notice présentée à la Société industrielle de Mulhouse, et qui a obtenu le prix mis au concours par cette Société.

1831. — Mémoire sur la théorie générale des roues hydrauliques à axe horizontal inséré dans les Bulletins de la Société industrielle de Mulhouse. — Ce Mémoire provoqua de la part des sociétaires un vote spontané décidant que Fourneyron serait sa vie durant membre correspondant de la Société et recevrait gratuitement le Bulletin.

1832. — Turbines hydrauliques. — Mémoire présenté à la Société d'encouragement pour le prix mis au concours par cette Société. C'est à ce travail que le prix a été accordé. Numéros de janvier, février et mars 1834. Ce Mémoire se divise en quatre parties.

La première partie fait connaître la disposition générale des roues et expose la théorie de cette machine basée sur le principe des forces vives.

La seconde donne la description de trois turbines exécutées en grand d'après les principes posés précédemment.

La troisième partie contient les expériences faites à l'aide du frein de Prony, pour la détermination de l'effet utile.

Enfin la quatrième est consacrée à une instruction pratique sur l'établissement des turbines hydrauliques pour chaque cas particulier. Ce Mémoire est donc un traité ex-professo de la construction des turbines.

Turbine d'Inval (Eure). — Comptes-rendus des séances de l'Académie des sciences; tome 2, page 313, et tome 4, page 314.

Expériences au frein de Prony sur la turbine de Fraisans, avec M. Emile Weber. — Bulletin de la Société industrielle de Mulhouse. — N° 25.

1834. — Expériences entreprises, dans diverses filatures, dans le but de déterminer le nombre de broches de mull-jenny *qu'un cheval de force* pouvait mettre en mouvement à cette époque. — Mémoire inédit et en partie rapporté dans le Bulletin de la Société industrielle de Mulhouse. — N° 42 et 43.

1836. — Expériences entreprises dans le but de déterminer le nombre de métiers à tisser mécaniquement, que la force d'un *cheval-vapeur* peut faire travailler. — Rapport non imprimé, mais communiqué aux constructeurs d'Alsace.

1837. — Nouvelles expériences sur les turbines. — Communication à l'Académie des sciences. Séances du 27 février.

1837. — Expériences sur les turbines de Moussay et de Müllbach, faites par M. A. Morin avec le concours de M. Fourneyron — Mémoire rédigé par M. A. Morin et présenté à l'Académie le 25 septembre 1837.

1837. — Chemin de fer, avec canal usinier et d'irrigation de Bâle à Strasbourg, projeté par MM. Fourneyron et Emile Kochlin. — Communication à l'Académie des sciences. Séance du 11 décembre 1837. — Voir aux comptes-rendus de l'Académie. L'idée de locomotion hydraulique au moyen de turbine, consignée dans ce Mémoire, et qui a été appliquée par M. Brunel fils entre Gênes et Turin.

1840. — Application de la vapeur d'eau à l'extinction d'un incendie. — Communication à l'Académie des sciences. Séance du 16 novembre 1840.

1841. — Portes d'écluse articulées pour fermer les arches d'un pont contre le courant le plus rapide avec un très petit effort. — Mémoire présenté à l'Académie des sciences dans la séance du 29 novembre 1841.

1843. — Expériences pour déterminer la pression exercée par l'eau en mouvement contre les différentes surfaces perpendiculaires et obliques, immobiles et entièrement plongées dans un courant regardé comme indéfini. Loi qui semble résulter de ces expériences. — Mémoire lu à l'Académie des sciences le 16 octobre 1843.

1843. — Table pour faciliter le calcul des formules relatives au mouvement des eaux dans les tuyaux de conduite et principalement destinée à abréger les calculs et à éviter le tâtonnement pour trouver la vitesse de l'eau et le diamètre des tuyaux lorsqu'on connaît la pente par mètre et le volume d'eau à conduire par seconde. — Communication à l'Académie des sciences du 23 octobre 1843. — Imprimée à Paris chez Bachelier, libraire.

1857. — Rapport sur les inondations des caves des maisons de quelques parties du deuxième arrondissement de Paris en 1856. — Lu en séance et approuvé par la Commission locale d'hygiène publique et de salubrité qui en a voté l'impression à l'unanimité. — Paris, imprimerie de veuve Dondey-Dupré, in-4°; 28 pages.

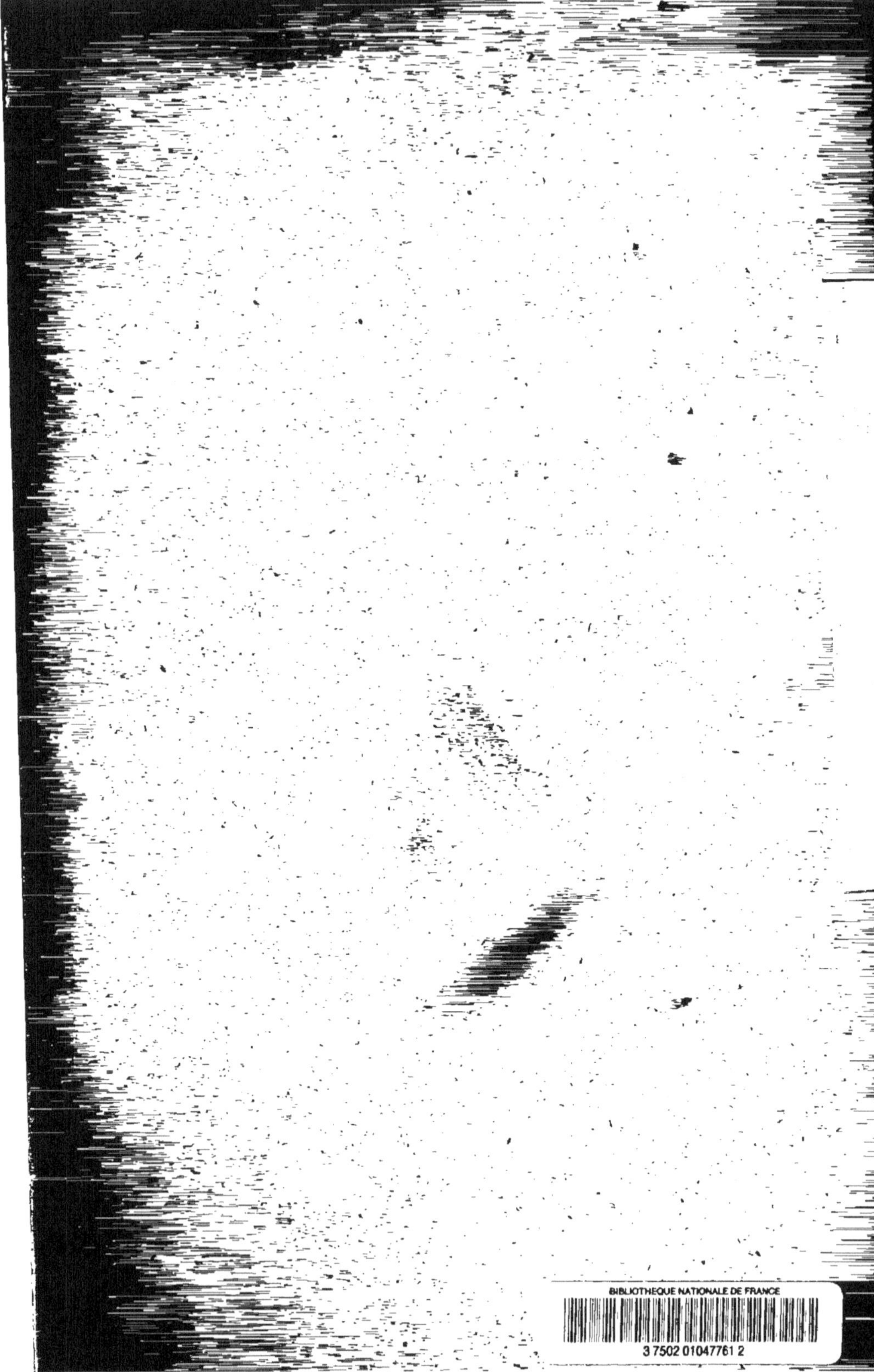

9 782011 778253